U0100392

大展好書　好書大展
品嘗好書　冠群可期

大展好書　好書大展

品嘗好書　冠群可期

7

武術健身叢書

劉德榮　創編

國家體育總局武術運動管理中心　審定

太極藤球功

大展出版社有限公司

「武術健身方法」評審領導小組

組　長：王玉龍
副組長：楊戰旗　李小傑　郝懷木
成　員：樊　義　杜良智　陳惠良

「武術健身方法」評審委員會

主　任：康戈武
副主任：江百龍
委　員：虞定海　楊柏龍　郝懷木

「武術健身方法」創編者

《雙人太極球》　于　海
《九式太極操》　張旭光
《天罡拳十二式》　馬志富
《形意強身功》　林建華
《太極藤球功》　劉德榮
《五形動法》　王安平
《流星健身球》　謝志奎
《龜鶴拳養生操》　張鴻俊

序　言

為「全民健身與奧運同行」主題活動增光添彩

國家體育總局武術運動管理中心主任　王筱麟

　　當前，恰逢國家體育總局宣導在全國開展「全民健身與奧運同行」主題系列活動，喜迎 2008 年北京奧運會之機，《武術健身方法叢書》的面世具有特殊意義，可慶可賀。

　　這套叢書推出的龜鶴拳養生操、天罡拳十二式、太極藤球功、流星健身球、五形動法、九式太極操、雙人太極球、形意強身功八個武術健身方法，是國家體育總局武術運動管理中心依據國家體育總局體武字〔2002〕256 號《 關於在全國徵集武術健身方法的通知 》精神，成立了評審工作領導小組，同時聘請有關專家組成評審委員會，對廣泛徵集起來的申報材料，按照所選方法必須具備科學性、健身性、群眾性及觀賞性的原則，認認眞眞地評選出來的。

　　這中間嚴格按照「堅持優選、寧缺勿濫」的要求，經歷了粗篩、初評、面向社會展示、徵求意見、修改、完善、終審等多個階段的審核。

　　現奉獻給社會的這八個武術健身方法，既飽含著原創編者們的辛勞，也凝結有相關專家、學者及許多觀眾的智慧。可以說，是有關領導和眾多名人志士的心血澆灌培育起來的八朵鮮花。

　　2004年10月，這八個方法首次在鄭州第1屆國際傳統武術節上亮相，初展其姿就贏得了與會62個國家和地區代表們的一致喝彩，紛紛稱讚說觀賞其表演是一種藝術享受。一些代表還建議將這些健身方法推廣到全國乃至世界各地。2005年8月8日，這八個方法還被國家體育總局授予「全國優秀全民健身項目一等獎」。

　　國際奧會批准武術這個項目在2008年北京奧運會期間舉行比賽，這是武術進軍奧運歷程中的一座極其重要的里程碑，是值得全世界武林同仁熱烈慶賀的盛事。

　　最近，國家體育總局劉鵬局長在全國群眾體育工作會議上的講話指出：「廣泛組織開展『全民健身與奧運同行』主題活動，可以最大限度地激發人民群眾參加健身的熱情，並使這種熱情與迎接奧運的激情緊密結合，形成在籌備奧運過程中體育健兒緊張備戰、

人民群眾積極熱身的良性互動局面。」對武術工作而言，我們在這一大好形勢下，一方面要紮紮實實做好國家武術代表隊的集訓工作，積極備戰，爭取「北京2008武術比賽」的優異成績，爲國爭光；另一方面要採取各種形式把全國億萬民眾吸引到武術健身的熱潮中，向世人展示作爲武術發源地的中國確實是武術泱泱大國的光輝形象。兩者相輔相成，相得益彰，共同爲武術走向世界、造福人類作貢獻。

　　我們隆重推出這八個武術健身方法，對於後者是可以大有裨益的。我們將配合出版發行相關書籍、音像製品等，舉辦教練員、裁判員、運動員培訓班，組織全國性乃至國際性的武術健身方法比賽等活動，努力爲「全民健身與奧運同行」主題系列活動增光添彩。

創編者簡介

劉德榮　男，1935 年 11 月生。貴州省貴陽市人。楊式太極拳第五代傳人，貴州大學武術教授，貴陽市武術協會副主席，英國大不列顛和法國內家氣功太極拳協會顧問，貴州省著名太極拳家。

13 歲拜楊式太極拳第三代傳人楊少侯弟子顧麗生（履平）習太極拳、劍、推手、紮杆，師從於顧錦章、張學斌學習查拳、拳擊、摔跤，1985 年參加全國武術交流大會獲雄獅獎。1987 年後任貴州省武術協會委員、副秘書長，貴州省國際文化交流中心太極藝術研究會常務會長等職務。

六十餘載習練不輟，教學相長，從學者遍及全國各地及英、美、法、日、韓、新加坡等國，長期致力太極拳的普及和推廣工作，培養了大批二級社會體育指導員。曾擔任歷居省、市武術比賽裁判員、裁判長、仲裁等職，2002 年被貴陽市人民政府授予體育「先進工作者」的光榮稱號。

積六十餘載的練武心得，創編了太極健身球、太

極逍遙扇、太極健身舞、太極刀、太極魚腸劍、太極藤球功健身系列及健身功法，其中太極藤球功被國家體育總局武術運動管理中心列為武術健身方法之一，授予全國優秀全民健身項目一等獎。

目　錄

一、太極藤球功簡介

　　太極藤球功，是貴州省著名武術家、貴州大學教授劉德榮先生創編的，是劉德榮先生作爲楊式太極拳第五代傳人、習武六十餘年、授課四十餘載的武術心得和結晶。

　　太極藤球功整套共10個動作，分爲兩段，演練時間約爲5分鐘。

　　其功法是在遵循太極運動法則的基礎上，運用太極拳理論，尤其是以「意念中的圓爲核心」變成有形的實物「藤球」，並將傳統的太極拳運動和現代的健身運動相結合，集武術的嚴謹莊重、氣功的意識導引和傳統醫學的體表按摩爲一體，融中國民樂的韻味淳厚獨特爲一爐。

　　行功中，虛領頂勁，鬆胯圓襠，氣沉丹田，立身中正，以意運氣，意氣相隨，球隨意轉，意隨球行。在腰的帶動下，全身有序轉動，弧形運轉。大圈、小圈，周身是圈，猶如長江大海滔滔不絕、連綿不斷，從而達到疏通經絡、養生祛病、強身健體

和娛樂身心的練功目的。

　　另外，此功法動作新穎，風格獨特，具有很好的觀賞性、娛樂性和行之有效的健身性，易學易懂，功架可高可低，不同年齡、不同性別、不同職業者均宜習練。

二、太極藤球功基本功法功理

（一）球過胸腹

【功法要領】

一手握球，指、腕用力，在腰的帶動下，全身配合，使球在胸、腹部做順時針和逆時針轉動按摩。

【功理】

氣源於丹田，從無感覺到有感覺稱「丹田內動」，無極生太極，球隨意行，觀想胸腹之氣，隨球的運行軌跡在體內流轉，體察球與胸、腹接觸產生的熱麻舒適感和丹田內動感，從而達到增強臟腑器官功能的保健醫療效果。

（二）坐腕旋球

【功法要領】

一手握球，指、腕用力，在腰的帶動下，全身

配合，使球在另一手掌心徐徐轉動按摩。

【功理】

傳統醫學指出，對勞宮穴位按摩，可起到「清心火，寧神志」的保健醫療功效。行功中重點體察球與掌心接觸產生的熱麻舒適感及靜心練功無我無他的境界。

（三）球過前臂

【功法要領】

一手握球，指、腕用力，在腰的帶動下，全身配合，使球在另一手臂的前臂內側向外側滾動按摩。

【功理】

針灸論「頭項尋列缺，面口合谷收」。球隨意念滾動，按摩內關、列缺、合谷等穴位，體察球與前臂接觸產生的熱麻感，疏通腕部心腦絡脈，調整心腦血管平衡，從而起到醒腦明目、關節滑利無阻滯的保健醫療功效。

（四）腕轉平圓

【功法要領】

一手握球，掌心向上，指、腕用力，在腰的帶

動下，全身配合，做腰、肩、肘、腕、胯、膝、踝
的內外旋轉運動。

【功理】

　　球隨意行，腰爲主宰，牽動全身大小關節有序
弧形運轉。體察及觀想有如長江大海滔滔不絕、連
綿不斷，以及太極運動協調端莊、氣勢如虹之感，
可起到增強全身關節的活動功能及全身協調性。

三、太極藤球器械簡介

太極藤球採用貴州特有的天然植物藤竹作材料，直徑22公分，竹子作骨架，外纏藤條。由8根經條、5根緯條組成，象徵八卦五行，生動形象地反映球與人之間的生與受生、剋與受剋的相互關係。球體輕，有彈性，無合成材料帶來的副作用，藤類植物還具有袪風、活血、通絡的醫療保健功效。

球的兩極繪有太極圖，以突出太極藤球的文化內涵；球中置有小球，鍛鍊者可根據自己的體質狀況，配置對症的處方藥物。

練功中吐納導引，激發人體正氣，增強練功效果，達到內外兼修的目的。

四、太極藤球功動作名稱

第一式　起　勢
第二式　虛步托球
第三式　坐腕旋球
第四式　過臂靠肩
第五式　旋球伏虎
第六式　腕轉平圓
第七式　獨立托球
第八式　架推球
第九式　翻身雙推球
第十式　收　勢

五、太極藤球功動作圖解

預備勢

面南，併步站立，全身放鬆；右手持球，左手五指自然分開，分垂於兩胯旁；眼平視。（圖1）

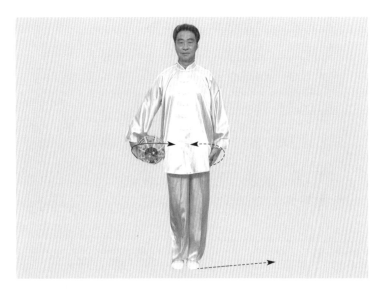

圖 1

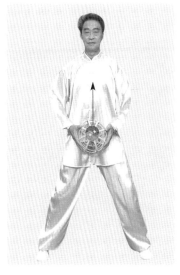

圖 2

圖 2 附 圖

第一段　1－5式動作

第一式　起　勢

左腳橫移，比肩略寬；同時，兩手腹前捧球慢慢前平舉，與肩同高，沉肩墜肘，坐腕，然後捧球下落於腹前；屈膝下蹲成馬步，虛領頂勁；眼平視。（圖2—圖4、圖2附圖、圖3附圖）

圖 3

圖 3 附圖

圖 4

【要點】

精神集中，頭頸正直，眼平視，兩腳開立比肩略寬。腹前捧球時沉肩，兩臂圓撐，與脅間相距約10公分，兩手捧在球的中部偏下，高不過臍。馬步腳尖向前，膝蓋打開，膝關節與腳尖相對應，腳趾微抓地，頂頭立腰，氣沉丹田，收臀提肛。

圖 5

第二式　虛步托球

① 右手握球，指、腕用力，在腰的帶動下於胸、腹部順時針滾動一周半，停於左胸部；左手在小腹前五指自然分開，手心向上；重心左移成左側弓步，上體微左轉。（圖5、圖6）

②右腳尖外撇，左腳尖內扣，重心右移成右側弓步；同時，左臂上提於球內側後，經球上方向右前穿出，手心向下，與眼同高；右手握球收於腰間，手心向上；眼視右前方。（圖7）

圖 6

圖 7

圖 8

③身體左轉；左腳經右腳內側隨轉體向前上步，成左虛步；同時，右手持球上托至額前右上方，掌心向外；左手下按於左胯旁，掌心向下，指尖向前；眼向前平視。（圖8）

圖 9

　　④左腳向左側橫移，成馬步；同時，左右手向
外弧形下落，兩手腹前捧球；眼平視。（圖9）

圖 10

⑤左手持球，指、腕用力，在腰的帶動下於胸、腹部做逆時針滾動一周半，停於右胸前；右手在小腹前，五指自然分開，掌心向上；同時，身體右轉，重心右移，成右側弓步；眼視右前方。（圖10）

圖 11

⑥ 左腳尖外撇，右腳尖內扣，重心左移，成左側弓步；同時，右臂上提貼於球內側後，經球上方向左前穿出，手心向下，與眼同高；左手握球收於腰間，掌心向上；眼平視左前方。（圖11）

圖 12

⑦身體右轉；右腳經左腳內側隨轉體向前上步，成右虛步；同時，左手握球上托至額前左上方，掌心向外；右手下按於右胯旁，掌心向下，指尖向前；眼平視前方。（圖12）

【要點】

頭保持正直，眼平視，球過胸腹時要做到球隨意轉，意隨球行。肩、肘、腕、胯、膝、踝各個關節在腰的帶動下有序運動，身形保持一定的高度，

圖 13

切勿上下起伏。球在胸腹部做順時針或逆時針運轉時為一大圓，要到位。運轉時，未捧球之手自然分開，舒指，掌心向上，掌沿貼在小腹部關元、氣海穴下，守住關元、氣海穴，切勿隨意。重心轉移虛實分清。

第三式　坐腕旋球

　　① 右腳向右側橫移，成馬步；同時，右左手向外弧形下落，兩手腹前捧球；眼平視。（圖13）

圖 14

② 身體略右轉，重心右移，成右側弓步；同時，雙手捧球向右前外送，與胸同高，右手在上，左手在下。（圖14）

圖 15

③ 左腳尖外撇，右腳尖內扣，身體左轉，重心左移，成左側弓步；同時，兩手捧球向左外側運行至左肩前；眼平視球。（圖15）

圖 16

④ 身體微右轉，重心右移，左腳微收，成左虛
步；同時，雙手捧球向內弧形運至右胸前，與肩同
高；眼看球。（圖16）

圖 17

⑤ 左腳向左側上步；同時，坐右腕，左手在
上；眼看球。（圖17）

圖 18

⑥ 身體微左轉，重心左移，右腳跟外旋，成左側弓步；同時，右手指、腕用力，使球在左掌心內向外轉動，雙臂向外、向左弧形運行至左胸前；眼平視正南。（圖18）

圖 19

⑦右腳尖外撇，左腳尖內扣，身體右轉，重心右移，成右側弓步；同時，雙手捧球向外、向右運行至右肩前；眼看球。（圖19）

圖 20

⑧ 重心左移，右腳微收，成右虛步；同時，雙手捧球向內、向左弧形運至左胸前；眼看球。（圖20）

圖 21

⑨ 右腳向右上步，同時坐左腕，右手在上；眼看球。（圖21）

圖 22

⑩ 上體右轉，重心右移，左腳跟外旋，成右側弓步；同時，左手指、腕用力，由內向外在右掌心內轉動，雙臂向外、向右弧形運行至右胸前；眼平視正南。（圖22）

【要點】

身形保持中正，左右移動虛實分清，球的運行應在手掌內旋轉，速度均勻，以達到按摩掌內諸穴位的目的。

圖 23

第四式　過臂靠肩

① 右掌外旋，左掌內旋，持球向右前送出，高與肩平；眼視右前方。（圖23）

圖 24

② 重心後移，右腳微收，成右虛步；同時，雙
手向外、向左運行至胸前；眼平視。（圖24）

圖 25

③ 右腳上步，腳跟著地，雙手持球下落於腹
前。（圖25）

圖 26

④ 身體右轉，重心前移，成右弓步；同時，球貼於右臂內側，環抱向前擠出，高與胸平；眼平視。（圖26）

⑤ 左手指、腕用力，由右前臂內側向外側滾動，雙手持球向左掄一立圓，停於小腹前；同時，右腳微收，成右虛步；眼看球。（圖27、圖28）。

圖 27

圖 28

圖 29

⑥ 右腳向右前上步，成右側弓步，右肩向右靠
擊；眼平視。（圖29）

圖 30

⑦ 左腳尖外撇，右腳尖內扣，身體左轉，成左弓步；同時，雙手捧球隨身左轉向左前送出，高與肩平；眼平視。（圖30）

圖 31

⑧重心後移，左腳微收，成左虛步；同時，雙
手向外、向右運行至胸前；眼平視。（圖31）

圖 32

⑨ 左腳上步，腳跟著地，雙手持球下落於腹前；眼視正南。（圖32）。

圖 33

⑩ 身體左轉，重心前移，成左弓步；同時，球貼於左臂內側，環抱向前擠出，高與胸平；眼平視。（圖33）

⑪ 右手指、腕用力，由左前臂內側向外側滾動，雙手持球向右掄一立圓，停於小腹前；同時，左腳微收，成左虛步；眼看球。（圖34、圖35）

圖 34

圖 35

圖 36

⑫ 左腳向左前上步，成左側弓步；同時，左肩向左靠擊；眼平視。（圖36）

【要點】

掄立圓時雙臂放鬆，用腰的力量帶動雙臂；靠擊時眼到、身到，勿聳肩，肩勿外露。

圖 37

第五式　旋球伏虎

① 右腳尖外撇，左腳尖內扣，身體右轉，成右側弓步；同時，雙手捧球向右側送出，右手在上，左手在下，與胸同高。（圖37）

圖 38

　　②左腳尖外撇，右腳尖內扣，身體左轉，成左
側弓步；同時，雙手捧球向外、向左弧形運至左肩
前。（圖38）

圖 39

　　③重心右移，上體微右轉，左腳微收，成左虛
步；同時，兩手捧球向內、向右弧形運至右胸前；
眼看球。（圖39）

圖 40

④ 左腳向左上步，右手坐腕，左手在上。（圖 40）

圖 41

⑤ 右腳跟外旋，身體左轉，重心左移，成左側
弓步；同時，右手指、腕用力，使球在左掌心內向
外轉動，雙臂向外、向左弧形運行至左胸前；眼看
球。（圖41）

圖 42

⑥ 右腳向右側後移，身體右轉，左腳跟外旋，重心右移，成右側弓步；同時，左手持球，右手經腹前向右撩出，兩手心向後，與肩同高。（圖42）

圖 43

⑦ 左腿經右腳內側提膝，成右獨立步；同時，雙手向裡合抱於胸前，右手在上，左手在下；眼向前平視。（圖43）

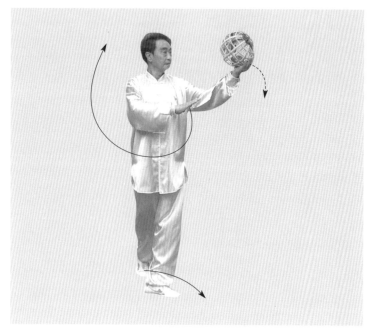

圖 44

⑧ 左腳向前擺落，身體微左轉，重心前移，右腳跟離地；同時，左手持球從右臂下向左穿托於左肩前，與頭同高；右手護於左前臂內側，手心向下，眼看球。（圖44）

圖 45

⑨ 右腳向左前蓋步，身體左轉；同時，右手下擺向右運行至頭右側上方，左手托球微下落，與肩同高；眼看球。（圖45）

圖 46

⑩ 以兩腳掌為軸心向左轉體;同時,左手托球
下落於腹前,右手動作不變,面向正北;眼向前平
視。（圖46）

圖 47

⑪ 左腳向右腳後倒插，以兩腳腳掌爲軸心，身體左後轉180°，成馬步，面向正南；眼向前平視。（圖47）

圖 48

⑫ 重心右移，身體右轉；同時，左手持球隨腰轉動運行至右胸前；右手下落貼於球內側，左手持球，指、腕用力，由右前臂外側向下滾動一周向右前送出，高與胸平；眼看球。（圖48、圖49）

⑬ 左腳向左前上步，右腳尖內扣，身體左轉，成左弓步；同時，右手持球，左手握拳，雙臂向左畫弧平貫，右手托球停於左腹前；左拳停於左額前；眼視右前。（圖50）

圖 49

圖 50

圖 51

⑭ 左拳變掌下落，右手持球前送，兩手捧球，
與胸同高，左手在上，右手在下；眼平視。（圖
51）

圖 52

⑮右腳尖外撇，左腳尖內扣，身體右轉，重心
右移，成右側弓步；同時，兩手捧球向外、向右運
行至右肩前；眼看球。（圖52）

圖 53

⑯ 左腳尖外撇，右腳尖內扣，身體左轉，成左側弓步；同時，兩手捧球向內、向左運行至左胸前，然後左手坐腕，右手在上；眼看球（圖53、圖54）

⑰ 右腳尖外撇，左腳尖內扣，身體右轉，重心右移，成右側弓步；同時，左手指、腕用力，使球在右掌心內旋轉，兩臂弧形向右運行至右胸前；眼看球。（圖55）

圖 54

圖 55

圖 56

⑱ 左腳向左側後移，身體左轉，重心左移，右
腳跟外旋，成左側弓步；同時，右手持球，左手下
落經腹前向左擺至左前方，兩手心向後；眼平視。
（圖56）

圖 57

⑲ 右腿經左腳內側提膝，成左獨立步；同時，雙手合抱於胸前，左手在上，右手在下；眼平視。（圖57）

圖 58

⑳ 右腳向前擺落，身體微右轉，重心前移，左腳跟離地；同時，右手持球從左臂下向右穿托於右肩前，與頭同高；左手護於右前臂內側，手心向下；眼看球。（圖58）

圖 59

㉑ 左腳向右前蓋步，身體右轉；同時，左手下
擺向左運行至頭左側上方，右手托球微下落，與肩
同高；眼看球。（圖59）

圖 60

㉒ 以兩腳掌為軸心向右轉體；同時，右手托球
下落於腹前，左手動作不變，面向正北；眼向前平
視。（圖60）

圖 61

㉓ 右腳向左腳後倒插，以兩腳腳掌為軸心，身
體右後轉180°，成馬步，面向正南；眼向前平視。
（圖61）

圖 62

㉔ 重心左移，身體左轉；同時，右手持球隨腰
轉動運行至左胸前，左手下落貼於球內側，右手持
球，指、腕用力，由左前臂外側向下滾動一周向左
前送出，高與胸平；眼看球。（圖62、圖63）

圖 63

圖 64

㉕ 右腳向右前上步，左腳尖內扣，身體右轉，成右弓步；同時，左手持球，右手握拳，雙臂向右畫弧平貫，左手托球停於右腹前，右拳停於右額前；眼視左前。（圖64）

【要點】

側步撩掌時注意膝尖、腳尖、肘尖相對應。上步貫打勿過早移動重心，須意到、手到、眼到，整個動作要連貫、圓活。

圖 65

圖 66

第二段　6－10式動作

第六式　腕轉平圓

① 右腳後移，上體先左轉後右轉，兩腿屈膝，成馬步；同時，左手持球，順時針滾動一周停於腹前；右拳隨身體轉動，變掌經左肩弧形下落於腹前，兩手腹前捧球。（圖65、圖66）

圖 67

　　② 左腳向右腳併步，身體直立；同時，右手持球，兩臂向右上畫弧，右手持球停於頭右上方；左手繼續向左下畫弧停於左腰間，手心向上，指尖向前；眼平視左前。（圖67）

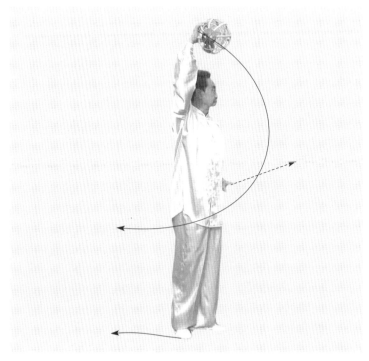

圖 68

③ 左腳尖外撇，身體左轉，右腳退步，成左弓步；同時，右手持球下落，經胯旁向右後穿出，手心向上，高與腰平；左手經胸前向左前穿出，手心向上，高與眼平。（圖68、圖69）

圖 69

圖 70

④ 右腳尖外撇，左腳尖內扣，身體右轉，重心右移，成右側弓步；同時，右手外旋，左手內旋，兩手手心向後，高與肩平；眼向右前平視。（圖70）

圖 71

⑤ 重心後移，成半馬步；同時，右手持球屈肘，臂外旋，腕轉平圓收於右腰間，掌心向上；左手上抬與耳同高，掌心向外；眼平視。（圖71）

圖 72

⑥ 重心右移，成右側弓步；同時，右手托球前
穿，與肩同高；左手圓撐，比肩略高；眼平視。
（圖72）

圖 73

⑦ 右腳尖內扣，上體左轉，成馬步；同時，右
手持球落於腹前；左手舉於頭左上方，掌心向外；
眼向前平視。（圖73）

圖 74

⑧ 右手持球在胸腹部逆時針運行一周；左手隨上體轉動弧形下落於腹前，兩手捧球。（圖74）

圖 75

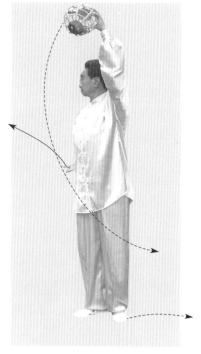

圖 76

　　⑨ 右腳向左腳併步，身體直立；同時，兩臂從腹前向左畫弧，左手持球，停於頭左上方；右手繼續向右下畫弧，停於右腰間；眼向右前平視。（圖75）

圖 77

⑩ 右腳尖外撇，身體右轉，重心在右腿，左腳退步，成右弓步；同時，左手持球下落經胯旁向左後穿出，手心向上，高與腰平；右手經胸前向右穿出，手心向上，高與眼平。（圖76、圖77）

圖 78

⑪ 左腳尖外撇，右腳尖內扣，身體左轉，成左
側弓步；同時，左手外旋，右手內旋，兩手心向
後，高與肩平；眼向左前平視。（圖78）

圖 79

⑫ 重心後移，成半馬步；同時，左手持球屈肘，臂外旋，腕轉平圓，收於左腰間，掌心向上；右手上抬與耳同高，掌心向外；眼向前平視。（圖79）

圖 80

⑬ 重心左移，成左側弓步；同時，左手托球前穿，與肩同高；右手圓撐，比肩略高；眼看球。（圖80）

【要點】

回坐時坐腰鬆胯。旋球時沉肩墜肘，坐腕轉體。送球要用腰、腿的力量向前送出。

圖 81

第七式　獨立托球

① 左腳尖內扣，右腳跟內旋，身體右轉，成馬步；同時，左手持球落於腹前；右手隨身體轉動舉於頭右側上方，手心向外；眼向前平視。（圖81）

圖 82

② 右腳微收，身體微右轉，重心移至左腿，成
右虛步；同時，左手持球順時針繞胸腹一周落於腹
前，右手隨身體轉動弧形落於腹前，兩手捧球。
（圖82）

圖 83

③ 右腳向前上半步，重心前移，左腿後擺；同時，兩手捧球向右前推出，與頭同高；眼看球。（圖83）

圖 84

④ 左腿經右腿內側向前提膝，腳尖斜向地面，成右獨立步；同時，雙手捧球舉於頭左側上方；眼向右前平視。（圖84）

圖 85

⑤ 左腳前落，兩腿屈膝下蹲，成歇步；同時，
右手下落向右前撩出，與膝同高；左手持球仍舉於
左側頭上方；眼視右下。（圖85）

圖 86

⑥ 身體直立右轉，右腿屈膝向前抬起，腳尖斜
向地面，成左獨立步；同時，右手上挑停於右額側
上方；左手持球向下經腰間向右前穿托，與腹同
高；眼看球。（圖86）

圖 87

⑦ 右腳橫落，左腳後移，身體左轉，兩腿屈膝，成馬步；同時，左手持球落於腹前，右手弧形下落，兩手腹前捧球；眼向前平視。（圖87）

圖 88

⑧重心右移，左腳微收，身體微左轉，成左虛步；同時，右手持球經胸腹逆時針運行一周；左手隨身體轉動，從左向上畫弧落於腹前，雙手捧球。（圖88）

圖 89

⑨ 左腳上步，重心前移，右腿後擺；同時，雙手捧球向前上推出，與頭同高；眼看球。（圖89）

圖 90

⑩ 右腿經左腿內側向前屈膝提起，腳尖斜向地面，成左獨立步；同時，兩手捧球舉於頭右側上方；眼向左前平視。（圖90）

圖 91

⑪ 右腳下落，兩腿屈膝下蹲，成歇步；同時，左手下落向左前撩出，與膝同高；右手持球仍舉於頭右側上方；眼視左下。（圖91）

圖 92

⑫ 身體直立左轉，左腿經右腿內側向前屈膝抬舉，腳尖斜向地面；同時，左手上挑停於頭左側上方，右手持球下落經腰間向前穿托；眼看球。（圖92）

【要點】

球過胸腹成虛步要協調一致，推球要坐腕。托球轉換為架推球落步要注意圓襠開胯。

圖 93

第八式　架推球

① 左腳向左橫落，腳跟著地，腳尖翹起；同時，左手向左下落於腹前，右手持球貼於左前臂內側；眼平視正南。（圖93）

圖 94

② 重心左移，身體左轉，成左弓步；同時，右
手持球，左手環抱前擠，高與胸平；眼向前平視。
（圖94）

圖 95

③右手持球，指、腕用力，由左前臂內側向外
滾動一周；眼向前平視。（圖95）

圖 96

④左腳尖內扣,右腳跟內旋,身體右移,兩腿
屈膝,成馬步;同時,兩手下落腹前捧球;眼向前
平視。(圖96)

圖 97

⑤ 左腳尖外撇，重心左移，身體左轉，成左側弓步；同時，右手持球，弧形向上運行至左胸前；左臂上抬，前臂貼於球內側；右手指、腕用力，使球向下貼前臂滾動一周，左手在上，右手在下；眼看球。（圖97）

圖 98

⑥ 右腳向右前上步，身體右轉；同時，左手持球落於腰間；右手經腹前向右側撩出，與腰同高；眼視右前下方。（圖98）

圖 99

⑦ 重心右移，成右弓步；同時，右手上挑於右額上方，掌心向外；左手持球向右前推出，高與肩平；眼看球。（圖99）

圖 100

⑧ 右腳向右側橫移，腳尖翹起；同時，右手向
右弧形下落於腹前；左手持球回收，貼於右前臂內
側；眼平視。（圖100）

圖 101

⑨ 重心右移，身體右轉，成右弓步；同時，右
手環抱，左手持球向前擠出，高與胸平；眼向右前
平視。（圖101）

圖 102

⑩ 左手持球，指、腕用力，貼右前臂內側向外滾動一周，左手在上，右手在下；眼向前平視。（圖102）

圖 103

⑪ 右腳尖內扣，左腳跟內旋，身體左轉，兩腿屈膝下蹲，成馬步；同時，兩臂下落腹前捧球。（圖103）

圖 104

⑫ 身體微右轉，重心右移，成右側弓步；同時，左手持球，逆時針運行至右胸前，右前臂上抬外側貼於球內側，左手指腕用力，由外向下貼右前臂滾動一周，右手在上，左手在下；眼看球。（圖104）

圖 105

⑬ 左腳向左前上步，身體左轉；同時，右手持
球落於腰間，左手經腹前向左側撩出，與腰同高；
眼視左前下方。（圖105）

圖 106

⑭重心前移，成左弓步；同時，左手上挑於左
額上方，掌心向外，右手持球向左前推出，高與肩
平；眼看球。（圖106）

【要點】

架推動作要在腰的帶動下一氣呵成，重心勿移
動過早，架推同時完成。

圖 107

第九式　翻身雙推球

①左腳後移，上體右轉，成馬步；同時，右手捧球落於腹前，左手仍停於頭左前上方，面向正南；眼向前平視。（圖107）

圖 108

②重心左移，收右腳，成右虛步；同時，右手
持球弧形向上運行至左胸前，左手下落，左前臂外
側貼於球內側，右手指、腕用力，使球由內向外沿

圖 109

左前臂滾動一周，左手在上，右手在下，高與眼平；眼看球。（圖108、圖109）

圖 110

③右腳橫移，腳尖內扣，左腿屈膝，成左側弓
步（或右腳橫移，腳尖內扣，左腿全屈，成右仆
步）；同時，右手下落經腹前向右側穿出，掌心向
前，與腹同高；然後重心右移，上體右轉，右腳尖

圖 111

外撇，左腳尖內扣，成右側弓步；左手持球仍停於
頭左側上方，高與頭平；眼看右手前方。（圖
110、圖111）

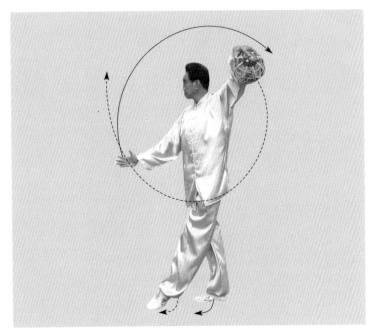

圖 112

④ 左腳經右腳內側向前蓋步，身體直立，以兩
腳腳掌為軸，向右後轉體；同時，兩手掄轉停於頭

圖 113

兩側，與頭同高，面向正北；眼向前平視。（圖
112、圖113）

圖 114

⑤ 右腳向左腳後倒插，兩腳腳掌為軸，向右後轉體180°，兩腿屈膝下蹲，成馬步；同時，兩臂繼

圖 115

續掄轉，左手持球停於腹前，右手停於右額前上
方，掌心向外；眼平視正南。（圖114、圖115）

圖 116

⑥ 右腳微收，身體右轉，成右虛步；同時，左手持球在胸、腹間順時針運轉一周停於腹前；右手經左肩前下落，兩手腹前捧球；眼平視。（圖116）

圖 117

⑦ 右腳上步，重心前移，成弓步；同時，兩手
捧球向右前推出，高與胸平；眼平視。（圖117）

圖 118

⑧ 左腳跟內旋，右腳尖內扣，身體左轉，兩腿屈膝半蹲，成馬步；同時，左手持球下落於腹前捧球；右手上舉於右額前上方，掌心向外；眼平視正南。（圖118）

圖 119

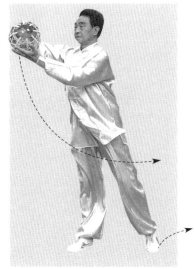

圖 120

⑨ 左腳向右腳內側微收，腳跟離地，身體右轉直立，重心右移，成左虛步；同時，左手持球，指、腕用力，使球逆時針運行至右胸前；右手弧形下落，前臂外側貼於球內側，使球向下沿右前臂運行一周，右手在上，左手在下，掌心相對，與頭同高；眼看球。（圖119、圖120）

圖 121

⑩左腳向左側橫移，腳尖內扣，右腿屈膝，成右側弓步（或左腳向左側橫移，腳尖內扣，右腿全屈，成左仆步）；同時，左手下落經腹前向左穿出，掌心向前，與腹同高。（圖121）

圖 122

⑪ 重心左移，上體微左轉，左腳尖外撇，右腳
尖內扣，成左側弓步；同時，右手持球，仍停於右
頭側後方，高與頭平；左手繼續向左穿出；眼視左
前。（圖122）

圖 123

⑫ 右腳經左腳內側向左前蓋步，身體直立，以
兩腳腳掌爲軸，向左後轉體；同時，兩手掄轉，停

圖 124

於頭兩側，手心相對，與頭同高；眼平視正北。

（圖123、圖124）

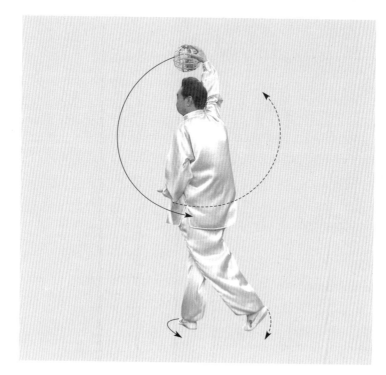

圖 125

⑬ 左腳向右腳後倒插，以兩腳腳掌爲軸，向左後轉體180°，兩腿屈膝下蹲，成馬步；同時，兩臂

圖 126

繼續掄轉，右手持球停於腹前，左手停於左額前上
方，掌心向外；眼平視正南。（圖125、圖126）

圖 127

⑭ 左腳微收，身體左轉，重心右移，成左虛
步；同時，右手持球，在胸、腹部逆時針運轉一周
停於腹前；左手經右肩前下落，兩手腹前捧球；眼
平視。（圖127）

圖 128

⑮ 左腳向左側上步，身體微左移，重心左移，成左弓步；同時，兩手捧球向左前推出，高與胸平；眼平視。（圖128）

【要點】

球過胸腹轉體動作要一致，推球注意坐腕，動作速度要均勻。

圖 129

第十式　收　勢

①右腳跟內旋，左腳尖內扣，身體右轉，成馬步；同時，兩臂下落腹前捧球；眼平視。（圖129）

圖 130

圖 130 附圖

② 右腳向左腳收半步，成開立步，身體直立；
同時，兩臂向前慢慢平舉，與胸同高；眼平視。
（圖130、圖130附圖）

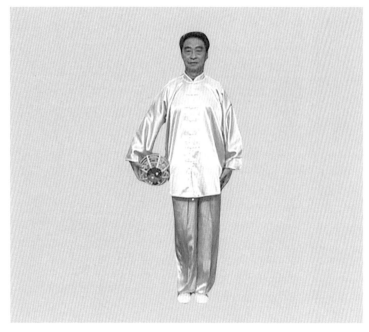

圖 131

③ 左腳向右腳併步；同時，兩手捧球，沉肩墜
肘，下落於腹前後，右手持球，兩手分落於胯旁；
眼平視。（圖131）

【要點】

由雙推球轉換成馬步時注意右腳跟內旋和左腳
尖內扣，兩腳掌平行，膝蓋與兩腳尖對應，要鬆
腰、鬆胯、圓襠。

歡迎至本公司購買書籍

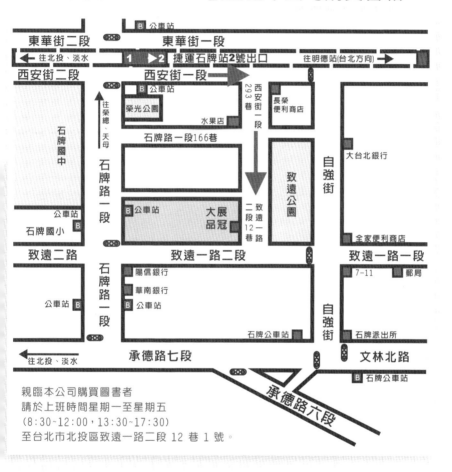

東華街二段　　　　　　　　Ⓑ 公車站
東華街一段
← 往北投、淡水　　1 ▶ 2 捷運石牌站2號出口　　往明德站(台北方向) →
西安街二段　　　　西安街一段
　　　　　　　Ⓑ 公車站
往榮總、天母　　　榮光公園　　　　　　西安街一段293巷　　長榮便利商店
　　　　　　　　　水果店
石牌國中　　石牌路一段166巷
　　　　　石牌路一段　　　　　　　　　　　　　　大台北銀行
　　　　　　　　　　　　　　　致遠公園　　自強街
公車站　　　Ⓑ 公車站　　大展品冠　　致遠二段12巷一路
石牌國小 Ⓑ　　　　　　　　　　　　　　全家便利商店
致遠二路　　　致遠一路二段　　　　　　致遠一路一段
石牌路一段　　陽信銀行　　　　　　　　7-11　　郵局
　　　　　　　華南銀行
公車站 Ⓑ　Ⓑ 公車站　　　　　　　　自強街
　　　　　　　　　　石牌公車站　　石牌派出所
← 往北投、淡水　　承德路七段　　　　　文林北路
　　　　　　　　　　　　　　　　　　　　Ⓑ 石牌公車站
　　　　　　　　　　　　　承德路六段

親臨本公司購買圖書者
請於上班時間星期一至星期五
(8:30~12:00，13:30~17:30)
至台北市北投區致遠一路二段 12 巷 1 號。

建議路線
1.搭乘捷運・公車
　　淡水線石牌站下車，由石牌捷運站２號出口出站(出站後靠右邊)，沿著捷運高架往台北方向走(往明德站方向)，其街名為西安街，約走100公尺(勿超過紅綠燈)，由西安街一段293巷進來(巷口有一公車站牌，站名為自強街口)，本公司位於致遠公園對面。搭公車者請於石牌站(石牌派出所)下車，走進自強街，遇致遠路口左轉，右手邊第一條巷子即為本社位置。

2.自行開車或騎車
　　由承德路接石牌路，看到陽信銀行右轉，此條即為致遠一路二段，在遇到自強街(紅綠燈)前的巷子(致遠公園)左轉，即可看到本公司招牌。

國家圖書館出版品預行編目資料

太極藤球功／劉德榮　創編　國家體育總局武術運動管理中心　審定
——初版，——臺北市，大展，2013〔民102．05〕
面；21公分 ——（武術健身叢書；7）
ISBN　978－957－468－949－1（平裝）
1. 球類運動
528.959　　　　　　　　　　　　　　　　　　　102004387

【版權所有・翻印必究】

太極藤球功

創 編 者／劉 德 榮
審　　定／國家體育總局武術運動管理中心
責任編輯／李 彩 玲
發 行 人／蔡 森 明
出 版 者／大展出版社有限公司
社　　址／台北市北投區（石牌）致遠一路2段12巷1號
電　　話／（02）28236031・28236033・28233123
傳　　眞／（02）28272069
郵政劃撥／01669551
網　　址／www.dah-jaan.com.tw
E - mail ／ service@dah-jaan.com.tw
登 記 證／局版臺業字第2171號
承 印 者／傳興印刷有限公司
裝　　訂／建鑫裝訂有限公司
排 版 者／弘益電腦排版有限公司
授 權 者／北京人民體育出版社
初版1刷／2013年（民102年）5月
定　　價／200元

●本書若有破損、缺頁請寄回本社更換●

大展好書　好書大展
品嚐好書　冠群可期

大展好書　好書大展

品嘗好書・冠群可期